EXTRAIT

DES LOIS NOUVELLES

REVUE BI-MENSUELLE DE LÉGISLATION ET DE JURISPRUDENCE

Emile SCHAFFHAUSER, DIRECTEUR

LA

LIBERTÉ PROVISOIRE

EN MATIÈRE CRIMINELLE

DE L'EXTENSION DE L'ARTICLE 11

DE LA LOI DU 8 DÉCEMBRE 1897

Sur l'instruction préalable

PAR

Léon GERMAIN

DOCTEUR EN DROIT
JUGE AU TRIBUNAL CIVIL DE VESOUL

PARIS

AUX BUREAUX

DES

LOIS NOUVELLES

31 bis, Faubourg-Montmartre, 31 bis

LIBRAIRIE DE LA SOCIÉTÉ DU RECUEIL
GÉNÉRAL DES LOIS ET DES ARRÊTS
Et du Journal du Palais
Ancienne Maison L. LAROSE & FORCEL
22, rue Soufflot, PARIS
L. LAROSE, Directeur de la Librairie

1902

RÉDACTION ET ADMINISTRATION
31 *bis*, rue du Faubourg-Montmartre, 31 *bis*, Paris

LES

LOIS NOUVELLES

Revue de Législation et de Jurisprudence

ET

REVUE DES TRAVAUX LÉGISLATIFS

Paraissant le 1ᵉʳ et le 15 de chaque mois.

RÉDACTEUR EN CHEF : **EMILE SCHAFFHAUSER**
DOCTEUR EN DROIT

Secrétaire de la Rédaction : H. CHEVRESSON
Avocat à la Cour d'appel de Paris

Chaque Numéro comprend 64 pages

Les *LOIS NOUVELLES* comprennent quatre parties formant des fascicules séparés, chacun avec pagination spéciale.

La 1ʳᵉ PARTIE, intitulée REVUE DE LÉGISLATION, comprend le commentaire de toutes les Lois Nouvelles présentant un intérêt général.

La 2ᵉ PARTIE, intitulée REVUE DES TRAVAUX LÉGISLATIFS, comprend l'exposé des projets de loi et des rapports déposés à leur occasion *et en outre un tableau des travaux législatifs dans les deux Chambres.*

La 3ᵉ PARTIE, intitulée LOIS ET DÉCRETS, renferme non seulement tous les textes d'intérêt général, mais encore les circulaires ministérielles relatives à leur application, et se trouve être ainsi LE SUPPLÉMENT LE PLUS COMPLET DE TOUS LES CODES.

La 4ᵉ PARTIE, intitulée REVUE DE JURISPRUDENCE, enregistre toutes les décisions judiciaires relatives aux nouveaux textes législatifs et complète ainsi la 1ʳᵉ partie.

Les commentaires publiés par les *LOIS NOUVELLES* comprennent l'exposé de la législation et de la jurisprudence antérieures à la nouvelle loi, l'exposé des travaux législatifs, et enfin l'examen critique de toutes les difficultés auxquelles pourra donner lieu l'interprétation de la loi.

Abonnement annuel : Paris et départements : 15 fr.
Etranger : 18 fr.

LA

LIBERTÉ PROVISOIRE

En matière criminelle

EXTRAIT
DES LOIS NOUVELLES

REVUE BI-MENSUELLE DE LÉGISLATION ET DE JURISPRUDENCE

Emile SCHAFFHAUSER, Directeur

LA

LIBERTÉ PROVISOIRE

EN MATIÈRE CRIMINELLE

DE L'EXTENSION DE L'ARTICLE 11

DE LA LOI DU 8 DÉCEMBRE 1897

Sur l'instruction préalable

PAR

Léon GERMAIN

DOCTEUR EN DROIT
JUGE AU TRIBUNAL CIVIL DE VESOUL

PARIS

AUX BUREAUX
DES
LOIS NOUVELLES
31 bis, Faubourg-Montmartre, 31 bis

LIBRAIRIE DE LA SOCIÉTÉ DU RECUEIL
GÉNÉRAL DES LOIS ET DES ARRETS
Et du Journal du Palais
Ancienne Maison L. LAROSE & FORCEL
22, rue Soufflot, PARIS
L. LAROSE, Directeur de la Librairie

1902

LA

LIBERTÉ PROVISOIRE
EN MATIÈRE CRIMINELLE

DE L'EXTENSION
DE L'ARTICLE 11 DE LA LOI DU 8 DÉCEMBRE 1897
SUR L'INSTRUCTION PRÉALABLE

L'article 11 de la loi du 8 décembre 1897 est ainsi conçu : « Lorsque la Cour d'assises, saisie d'une affaire criminelle, en prononce le renvoi à une autre session, il lui appartient de statuer sur la mise en liberté provisoire. »

Au milieu des dispositions relatives à la réforme de l'Instruction préalable, ce texte constitue un hors d'œuvre sans relation directe avec les autres articles de la loi. Son importance et son utilité ne peuvent pourtant être mises en discussion. Les commentateurs de la loi de 1897 en ont unanimement approuvé l'idée ; toutefois, en raison même de la clarté de cette disposition, ils se sont bornés à en indiquer briè-vement le but et les conséquences (1).

Or récemment d'intéressantes discussions se sont élevées au sujet de l'application pratique de cet article 11 ; appelée à statuer, la juris-prudence s'est prononcée pour la limitation restrictive de ce texte au cas spécial qu'il prévoit.

De sérieuses critiques, motivées par les conséquences qu'entraînait cette solution, ont été alors formulées. Elles ont déterminé M. le Garde des Sceaux à comprendre la modification de notre article 11 dans le projet de loi sur l'instruction préalable, déposé par lui à la Chambre des députés, le 16 janvier 1902 (2).

Ce projet qui avait été renvoyé à la commission de réforme judiciaire

1. — V. not. *La réforme de l'Instruction préalable*, par MM. Julien Bré-geault et Louis Albanel (*Lois Nouvelles*, 1898, I, p. 100). *La réforme de l'instruction préalable*, par M. Jean Olier (*Journal des Parquets*, 1898, I. p. 70).

2. — J. *Off.*, 1902. Chambre. *Docum. Parlem.* Annexe n° 2876, p. 14.

n'a pu, il est vrai, venir en discussion avant la fin de la législature.
La question reste donc entière.

Aussi, tout en nous inspirant des motifs de ce dernier projet légis-
latif et en nous éclairant également des récentes décisions de la jurisprudence, il nous a paru opportun et utile, alors que l'on tend à entou-
rer de garanties plus complètes la liberté des citoyens, de consacrer
quelques pages à l'étude de cette disposition spéciale de la loi du
8 décembre 1897.

Notre but est tout d'abord de rappeler brièvement à quel titre une
intervention législative s'imposait depuis longtemps en ce qui concerne
la question qui nous occupe et après quelles vicissitudes fut voté l'article 11 de la loi de 1897. Nous voudrions ensuite indiquer pourquoi,
malgré cette disposition, les inconvénients anciens subsistèrent en
partie ; nous rechercherons enfin comment la réforme peut et doit
être aujourd'hui complétée.

I

Suivant l'article 108 du Code d'Instruction criminelle de 1808, la
liberté provisoire ne pouvait jamais être accordée au prévenu lorsque
le titre de l'accusation emportait une peine afflictive ou infamante.

Il était donc alors impossible aux détenus en matière criminelle
d'obtenir leur mise en liberté provisoire, et par conséquent le législateur n'avait évidemment pas eu à régler une procédure spéciale à ce
sujet.

La situation demeura identique jusqu'en 1865.

A cette époque, la loi du 14 juillet 1865 qui modifia différents articles
du Code d'Instruction criminelle, autorisa l'élargissement provisoire
en matière criminelle comme en matière correctionnelle. D'après le
nouvel article 116, la mise en liberté provisoire peut désormais sans
distinction être demandée en tout état de cause, c'est-à-dire durant
toutes les phases de la procédure qui précèdent le moment où il est
intervenu un jugement de condamnation ayant acquis le caractère de
chose jugée.

Dans le cas d'information tendant à la répression d'un crime, l'élargissement provisoire d'un inculpé préventivement arrêté est ordonné
par le juge d'instruction, tant que ce magistrat est saisi (art. 115 C.
Instr. crim.), puis par la Chambre des mises en accusation (art. 116)
depuis l'ordonnance du juge d'instruction jusqu'à l'arrêt de renvoi
devant la Cour d'assises.

Mais cet arrêt de renvoi qui contient l'ordonnance de prise de corps fixe la limite extrême de l'élargissement provisoire. « La conscience publique, disait à ce sujet le rapporteur de la loi de 1865, s'étonnerait à bon droit de cette liberté trop prolongée ; mais il a semblé que son terme naturel assigné par la prudence et par la règle devait être l'ordonnance de prise de corps de la Chambre des mises en accusation. A ce moment, en effet, l'arrêt de cette Chambre élève contre l'accusé un préjugé si grave, qu'il serait téméraire de lui laisser le choix d'attendre son jugement ou de s'y dérober. »

D'autre part, ainsi que l'a fait remarquer M. le sénateur Chaumié en 1897, après le renvoi devant la Cour d'assises « il semble, à première vue, qu'il n'y ait point à se préoccuper de la mise en liberté provisoire, parce que la Cour d'assises est une juridiction de jugement. Elle statue définitivement et sans appel, ou bien elle acquitte et alors il ne peut être question de liberté provisoire puisque la mise en liberté est définitive, ou bien elle condamne, et il n'y a plus qu'à faire exécuter la peine (1) ».

Toutefois en pratique, les choses se présentent sous un aspect différent. « La crainte de briser des liens de famille, la perspective d'une condamnation relativement légère, l'espoir d'un acquittement sont, dans bien des cas, des garanties que l'accusé reculera devant la fuite et les conséquences infaillibles d'une condamnation par contumace.

D'autre part, les rigueurs de la détention préventive imposée à l'inculpé jusqu'au jour souvent éloigné de l'ouverture des assises peuvent lui causer un dommage irréparable » (2).

Enfin, il peut arriver qu'une affaire dont la Cour d'assises a été saisie directement par la Chambre des mises en accusation soit renvoyée à une session ultérieure ou à une autre Cour d'assises ; de ce fait, la détention préventive de l'accusé sera nécessairement prolongée « alors que cependant l'instruction est complètement terminée, alors que la probabilité d'un acquittement peut rendre à la fois la détention plus cruelle et la fuite plus invraisemblable » (3).

Pourtant, dans ces diverses hypothèses, quel qu'ait été le degré d'intérêt que présentait un accusé, quelle qu'ait été sa situation particulière, quelles qu'aient été enfin les garanties qu'il pût offrir, il n'existait, sous l'empire de la loi de 1865, aucune autorité compétente pour statuer sur une demande de mise en liberté provisoire.

En présence de cette situation, certains chefs de parquets, obéis-

---

1. — Rapport de M. Chaumié au Sénat, 28 mai 1897. *J. off.* Sénat. Déb. Parlem. 1897, p. 889-890.

2. — Exposé des motifs du projet Le Royer, présenté au Sénat le 27 nov. 1879 (*J. off.*, 1880, ann. n° 7, p. 301, 324).

3. — Projet Le Royer, (id.).

sant à un sentiment d'humanité et plus fidèles à l'esprit qu'à la lettre de la loi, avaient pris sous leur responsabilité de n'exécuter qu'à la veille de l'ouverture de la session l'ordonnance de prise de corps.

Quelques Cours d'assises avaient également prétendu, en cas de renvoi à une autre session, avoir le droit d'accorder la mise en liberté des accusés traduits devant elles (1). Mais d'autres Cours (2) et la Cour de cassation s'étaient formellement prononcées en sens contraire (3).

De l'aveu de tous, le législateur devait nécessairement intervenir.

Aussi, lorsque le 17 juin 1879, M. Laborde proposa au Sénat la modification de certains articles du Code d'Instruction criminelle, il comprit dans son projet l'article 116 dont il indiqua la nouvelle rédaction suivante :

« La mise en liberté provisoire pourra être demandée : à la chambre des mises en accusation, depuis l'ordonnance du juge d'instruction jusqu'à l'arrêt définitif de la Cour d'assises » (4).

Après avoir fait l'objet d'un rapport sommaire de M. Xavier Blanc le 1er juillet 1879 (5), le projet Laborde fut discuté au Sénat le 8 juillet suivant (6). Les conclusions de la commission d'initiative tendant à la prise en considération furent alors adoptées.

Mais, dans les explications qu'il avait présentées à ce sujet, M. le Garde des Sceaux Le Royer avait déclaré que, depuis une année, était nommée une commission chargée de l'examen de l'ensemble des améliorations à apporter à notre Code d'Instruction criminelle. Il était naturel de remettre entre les mains de cette commission les propositions de M. Laborde relatives aux trois articles 116, 293 et 305 de ce Code.

Le projet auquel M. Le Royer avait fait allusion fut déposé par lui au Sénat le 27 novembre 1879 (7). Il ne comprend pas moins de 221 articles. On y retrouve, sous l'article 107, l'article 116 de la proposition Laborde auquel toutefois une modification avait été apportée.

Dans son rapport au Sénat en date du 1er juillet 1879, M. Xavier Blanc avait indiqué le caractère un peu excessif de la proposition Laborde. « En conférant, disait-il, à la Chambre des mises en accusa-

---

1. — Cour d'Assises de Saône-et-Loire, 25 juin 1867. Assises de l'Aveyron, 11 mars 1871 (D. P. 71. 2. 65). Assises de la Somme, 15 janvier 1872. Assises de la Haute-Vienne, 5 février 1872. Assises d'Indre-et-Loire, 11 juin 1872 (D. P. 73. 2. 92. 93).
2. — Cour d'assises de la Seine-Inférieure. 26 décembre 1871 (D. P. 71.2 200). Assises du Nord, 29 novembre 1871 (D. P. 72. 2. 94).
3. — Cassation, 13 juin 1872 (D. P. 72.1.157). 13 juillet 1872 (D. P.72.1.333). S. 72.1.445.
4. — J. Off., n° du 18 juin 1879, p. 5309.
5. — J. Off., n° du 19 juillet 1879, ann. n° 270, p. 6983, 6984.
6. — J. Off., n° du 9 juillet 1879, p. 6357.
7. — J. Off., 1880, ann. n° 7, p. 301, 324.

tion une juridiction qui aurait son point de départ à l'ordonnance du juge d'instruction et se continuerait jusqu'à l'arrêt définitif de la Cour d'assises, cette disposition aurait pour conséquence absolument inadmissible, d'enlever toute juridiction, en ce qui touche la liberté provisoire, aussi bien à la Cour d'assises primitivement saisie qu'à la Cour d'assises devant laquelle l'affaire aurait été renvoyée. Or le droit de statuer sur la demande en élargissement provisoire appartient incontestablement à ces Cours d'assises et ne peut appartenir qu'à elles, pendant la durée de leurs sessions respectives et par conséquent durant un temps qui précède l'arrêt définitif » (1).

C'est en s'inspirant de ces considérations que M. Le Royer avait rédigé ainsi l'article 107 de son projet : « La juridiction compétente pour accorder la liberté provisoire est celle qui est saisie de la procédure au moment où la requête est présentée. Dans le cas où le juge d'instruction n'a pas ordonné la mise en liberté provisoire, elle peut être accordée sur requête adressée... à la Chambre des mises en accusation depuis l'ordonnance de renvoi jusqu'à la notification de l'arrêt ou de l'acte d'accusation ; à la Cour d'assises depuis cette notification. Néanmoins, si la Cour d'assises n'était point en session, la Chambre d'accusation demeurerait compétente pour statuer. »

Toutefois cette rédaction ne subsista pas devant les observations de la commission à laquelle le projet avait été renvoyé. Au nom de cette commission, le rapporteur, M. Dauphin, proposa de formuler de la manière suivante l'article 117 : « Dans le cas où le juge d'instruction a ordonné la mise en liberté provisoire, le Procureur de la République peut se pourvoir contre l'ordonnance devant la Chambre du Conseil. Dans le cas contraire, la liberté peut être accordée sur requête adressée à la Chambre du Conseil, depuis le mandat d'amener jusqu'à l'ordonnance qui dessaisit le juge d'instruction ; au tribunal correctionnel, depuis l'ordonnance de renvoi jusqu'au jugement définitif, à la chambre des appels correctionnels, depuis l'appel jusqu'à l'arrêt définitif et, dans tous les autres cas, à la Chambre des mises en accusation... » (2).

Ce fut ce texte qui, maintenu par M. Dauphin dans son second rapport (3), fut voté par le Sénat le 5 août 1882 (4).

Le projet ainsi adopté fut transmis à la Chambre des députés le 20 novembre 1882 (5). Mais le rapporteur, M. Goblet, exposant le 15 no-

---

1. — *J. Off.*, 1879, p. 6983, 6984.
2. — 1er rapport Dauphin au Sénat, le 6 mars 1882. *J. off.* 1882. Docum. Parlem. ann. n° 63, p. 113.
3. — 2e rapport Dauphin au Sénat, le 27 juin 1882. *J. off.* Docum. parlem. ann. n° 314, p. 389.
4. — *J. off.* 1882. Sénat, Comptes rendus, p. 1023.
5. — *J. Off.* Chambre, 1882. *Doc. parl.* Ann., n° 1379, p. 242 et suiv.

vembre 1883, les conclusions de la commission à laquelle la proposition avait été renvoyée, proposa, au point de vue qui nous occupe, de revenir, tout au moins dans une hypothèse spéciale, à l'idée de M. Le Royer. « Dans le cas où aucune juridiction n'est actuellement saisie, disait-il, c'est la Chambre d'accusation qui est compétente. Cependant nous avons dû prévoir le cas où la Cour d'assises saisie d'une affaire criminelle en prononcerait le renvoi à une autre session. C'est à elle qu'il appartiendra alors de statuer sur la mise en liberté de l'accusé ». Le texte voté par le Sénat devait en conséquence être ainsi complété «.... et dans tous les autres cas, à la Chambre des mises en accusation. Néanmoins, lorsque la Cour d'assises, saisie d'une affaire criminelle, en prononce le renvoi à une autre session, il lui appartient de statuer sur la mise en liberté de l'accusé. » (1)

Dans son rapport du 4 juin 1885, M. Bovier-Lapierre se référa directement et pour des motifs identiques au texte complété de cette manière (2).

Mais on connaît les vicissitudes que le projet subit à la Chambre. En 1885, il ne put être examiné qu'en première lecture.

La réforme entreprise, comprenant une modification complète du Code d'Instruction criminelle, était en réalité trop étendue et trop vaste. Aussi, bien que soumise à la Chambre par le Garde des Sceaux successivement durant les trois législatures suivantes, elle ne put aboutir (3).

A chaque nouveau dépôt du projet, un rapport très complet fut présenté par M. Bovier-Lapierre (4), qui, en ce qui concerne la question spéciale étudiée par nous, maintenait simplement les observations qu'il avait tout d'abord présentées.

Cependant, lorsque M. Bovier-Lapierre communiqua à la Chambre le 3 décembre 1895 son dernier rapport, il y avait déjà plusieurs mois que M. Constans avait déposé au Sénat un projet relatif à l'Instruction préalable et dans lequel il n'était point question de mise en liberté provisoire (5).

Il est vrai qu'on en retrouve la réglementation dans le second rap-

---

1. — *J. Off.* 1883. *Doc. Parl.* Chambre, Ann., n° 2377, p. 1784 et suiv.
2. — *J. Off.* 1885. *Doc. Parl.* Chambre, Ann., n° 3793, p. 714 et suiv.
3. — Projet déposé à la Chambre par M. Démole, le 28 janv. 1886 (*J. Off.* 1886. *Doc. Parl.*, ann., n° 371, p. 849). Projet déposé à la Chambre par M. Thévenet, le 10 décembre 1889 (*J. Off.*, 1889. *Doc. Parl.*, ann., n° 165, p. 306). Projet déposé à la Chambre par M. Antonin Dubost, le 20 février 1894. (*J. Off.* 1894. *Doc. Parl.* ann., n° 411, p. 249 et suiv.).
4. — Rapport Bovier-Lapierre, du 20 janv. 1887 (*J. off.* 1887. *Doc. Parl.* Chambre, ann., n° 1453, p. 103 et suiv.) ; du 15 janv. 1891 (*J. Off.* 1891. *Doc. Parl.* Chambre, ann., n° 1114, p. 115 et suiv.) ; du 3 décembre 1895 (*J. Off.* 1895. *Doc. Parl.* Chambre, ann., n° 1646, p. 1520 et suiv.).
5. — *J. Off.* 1895. Sénat. *Doc. Parl.* ann , n° 90, p. 309.

port que M. Thézard fit au Sénat sur le projet Constans. Ce rapport conclut en effet à une proposition de loi en 50 articles, dont l'article 20 reproduit textuellement l'article 126 des rapports Bovier-Lapierre, accordant, en notre matière, le droit de prononcer l'élargissement provisoire à la Cour d'assises quand elle ordonnait le renvoi à une autre session d'une affaire criminelle dont elle était saisie, et dans tous les autres cas à la Chambre des mises en accusation (1).

Mais le 28 janvier 1896, M. le Garde des Sceaux Ricard présentait au Sénat une nouvelle proposition relative à l'instruction contradictoire, comprenant 36 articles et où n'était point réglementée la liberté provisoire (2).

Le 24 mars 1896, M. Jean Dupuy communiquait sur ce projet un premier rapport, dans lequel il reprenait, à notre sujet, les conclusions de M. Thézard (3). Puis, devant la nécessité d'aboutir définitivement à une réforme, le projet fut considérablement restreint et le second rapport Dupuy, du 19 mars 1897, ne portait plus que sur dix articles et ne touchait en aucune façon à la question de l'élargissement provisoire (4).

Il est compréhensible que, préoccupés surtout de poser les principes de l'instruction contradictoire, les auteurs du projet n'aient point considéré comme urgent de statuer sur la théorie générale de la mise en liberté provisoire, déjà organisée d'ailleurs par le Code. Mais, en ce qui concernait spécialement la demande en élargissement provisoire formée par un accusé renvoyé devant la Cour d'assises, il importait de combler dans la loi une lacune qui existait aussi profonde qu'en 1879, date de la proposition Laborde. L'incompétence de la Cour d'assises pour statuer en cette hypothèse constituait toujours en effet l'opinion prédominante en doctrine comme en jurisprudence (5), et rien, depuis seize ans, n'était venu atténuer les inconvénients que la pratique avait révélés.

C'est à M. Chaumié que revient l'honneur d'avoir déterminé le Sénat à faire disparaître, tout au moins en partie, cette lacune et à restreindre dans une certaine mesure ces inconvénients. Lors de la discussion du projet tel qu'il ressortait du second rapport Dupuy, il présenta en effet, dans la séance du 28 mai 1897, un article additionnel ainsi conçu : « Lorsque la Cour d'assises, saisie d'une affaire criminelle, en

1. — Rapport de M. Thézard au Sénat, le 25 novembre 1895 (*J. Off.* 1895. *Doc. Parl.* Sénat, ann., n° 22, p. 429).
2. — *J. Off.* 1896. *Doc. Parl.* Sénat, ann., n° 10, p. 3.
3. — *J. Off.* 1896. *Doc. Parl.* Sénat, ann., n° 90, p. 225.
4. — *J. Off.* 1897. *Doc. Parl.* Sénat, ann., n° 81, p. 377.
5. — Cass., 5 oct. 1882 (D. P. 83.1.44) ; 9 nov. 1882 (S. 83.1.46). ; 12 avril 1884 (*Bull. crim.* n° 139) ; 13 août 1885 (*Bull. crim.*, n° 249). Cf. Garraud. *Précis du droit criminel*, n° 475 *in fine*, p. 604, note 1.

prononce le renvoi à une autre session, il lui appartient de statuer sur la mise en liberté provisoire de l'accusé » (1). Cet article était la reproduction textuelle du 2ᵉ paragraphe de l'article 20 du premier rapport Dupuy.

Malgré les remarques de M. Devès, qui estimait que la disposition présentée par M. Chaumié devait être repoussée comme s'éloignant trop du projet sur lequel le Sénat avait à légiférer, cet article additionnel, accepté par le Gouvernement, fut adopté par 199 voix contre 44 sur 243 votants.

Transmise à la Chambre, la proposition, définitivement votée par le Sénat, fut l'objet d'un rapport de M. Bovier-Lapierre en date du 25 juin 1897 (2). Relativement au point qui nous intéresse, le rapporteur s'exprimait ainsi. « L'article 11 fait cesser les difficultés de doctrine et de jurisprudence qui s'opposent à la demande de mise en liberté provisoire au cas où la Cour d'assises saisie d'une affaire en prononce le renvoi à une autre session ; la solution qui avait été proposée par les diverses commissions de la Chambre et qui permet à la Cour d'assises d'accorder la liberté provisoire, tranche de la façon la plus rationnelle la controverse soulevée à cet égard ».

Aussi, lors de la discussion de la loi, l'article additionnel de M. Chaumié fut adopté sans difficulté par la Chambre le 12 novembre 1897, et devint l'article 11 de la loi promulguée le 8 décembre suivant (3).

Malheureusement la formule de ce texte était trop restrictive, et la controverse allait renaître aussi vive dans d'autres hypothèses.

II

Les circonstances sont multiples dans lesquelles une affaire criminelle est reportée à une session d'assises autre que celle suivant directement l'arrêt de renvoi de la Chambre des mises en accusation.

L'accusé renvoyé devant la Cour d'assises peut en effet former un pourvoi en cassation contre cet arrêt de renvoi. Ce pourvoi régulier entraînera nécessairement la suspension de la poursuite jusqu'au jour où la Cour de cassation aura statué.

D'autre part, avant l'ouverture des débats et alors que la Cour d'assises n'est point encore saisie de fait, le Président des assises, usant du pouvoir qui lui est conféré par l'article 306 du Code d'Instruction

---

1. — J. Off. 1897. Débats Parlem. Sénat, p. 889-890.
2. — J. Off. 1897. Docum. Parlem. Chambre, ann., n° 2554, p. 1444.
3. — J. Off. du 13 novembre 1897. Comptes rendus. Chambre, p. 2405.

criminelle, peut, sur la demande du procureur général, de l'accusé ou même d'office, renvoyer l'affaire à une session ultérieure.

Enfin le renvoi est parfois ordonné par la Cour d'assises effectivement saisie. Différentes hypothèses ont été prévues à ce sujet par la loi. Lorsque, arguant de l'article 542 du Code d'Instruction criminelle, l'accusé a présenté à la Cour de cassation une requête en renvoi pour cause de suspicion légitime et que notification a été faite au ministère public de l'arrêt de soit-communiqué de cette requête, la Cour d'assises doit, sur l'avis qui lui est donné par le ministère public de cette notification, surseoir au jugement de l'affaire (1).

Suivant l'article 354 du Code d'Instruction criminelle, lorsqu'un témoin qui aura été cité ne comparaîtra pas, la Cour d'assises peut, sur la réquisition du procureur général et avant que les débats soient ouverts par la déposition du premier témoin inscrit sur la liste, renvoyer l'affaire à la prochaine session.

Dans le cas où, conformément à l'article 380 du Code d'Instruction criminelle, un témoin dont la déposition a paru fausse a été mis en état d'arrestation, le même renvoi peut être ordonné par la Cour d'assises soit d'office, soit sur la requête du procureur général, de la partie civile ou de l'accusé (Code Instr. Crim., art. 331).

D'après l'article 352 du Code d'Instruction criminelle, si l'accusé, étant reconnu coupable, la Cour est convaincue que les jurés, tout en observant les formes, se sont trompés au fond, elle peut déclarer qu'il est sursis au jugement et que l'affaire est reportée à la session suivante.

Les causes de renvoi indiquées par le Code ne sont point d'ailleurs limitatives. Il est uniformément admis en pratique et en jurisprudence que le renvoi peut être prononcé par la Cour d'assises, quand, contrairement à l'article 353 du Code d'Instruction criminelle, un juré a communiqué avec un tiers ou encore a manifesté son opinion et qu'il n'y a pas de jurés supplémentaires (2); quand, au cours des débats, il se produit des faits nouveaux (3), qu'un supplément d'instruction (4), l'audition de nouveaux témoins (5) sont nécessaires; au cas de maladie de l'accusé (6), du ministère public (7), d'un juré, s'il n'y a pas de juré supplémentaire (8).

C'est dans ces dernières hypothèses, où le renvoi est prononcé par la

---

1. — Cass. 2 déc. 1886. D. P. 87.1.285.
2. — Cass. 19 juillet 1866. D. P. 66, 1. 508.
3. — Cass. 14 juin 1889. D. P. 84, 1, 144.
4. — Cass. 16 avril 1891. D. P. 91, 1, 76.
5. — Cass. 22 mars 1894. D. P. 98, 1, 329.
6. — Cass. 11 février 1875. D. P. 77, 1, 140.
7. — Cass. 31 décembre 1892. *Bulletin crim.*, n° 261.
8. — Cass. 4 avril 1874. D. P. 74, 1, 400.

Cour d'assises saisie de l'affaire, que s'applique naturellement et directement l'article 11 de la loi du 8 décembre 1897.

Au contraire, en ce qui concerne les deux premiers cas que nous avons rappelés (pourvoi en cassation, renvoi prononcé par le Président des assises avant l'ouverture des débats), la situation n'est plus celle prévue par notre texte.

Relativement à la demande en liberté provisoire formée par un accusé qui se pourvoit contre l'arrêt de renvoi, la jurisprudence admet, il est vrai, que la Chambre des mises en accusation est alors compétente pour statuer (1). Cette solution s'explique, car le pourvoi suspend l'exécution de l'arrêt de renvoi, et la Chambre des mises en accusation demeure saisie.

Mais il reste les hypothèses dans lesquelles le renvoi à une session ultérieure a été prononcé par le Président des assises.

Le pouvoir que le Président tient alors de la loi est très large ; il s'exerce toutes les fois qu'il se produit un événement de nature à entraver la marche régulière de la justice ou la manifestation de la vérité.

Il eût donc été très compréhensible qu'en 1897, le législateur se préoccupât du point de savoir à qui, dans de telles circonstances, appartient le droit de répondre à une requête de mise en liberté provisoire.

Pourtant aucune allusion ne fut faite à ce sujet, lors des discussions qui, au Sénat, précédèrent l'adoption de l'article 11.

En réalité la hâte avec laquelle fut élaborée la réforme en fit perdre de vue la portée véritable.

Les premiers projets (Laborde, Le Royer, proposition admise par le Sénat en 1882), avaient, en effet, nous l'avons vu, une application beaucoup plus étendue que notre article 11. La Chambre des mises en accusation était déclarée compétente, d'une manière générale, pour statuer sur la demande en élargissement provisoire, formée depuis l'arrêt définitif de renvoi ; ce n'était qu'exceptionnellement (projet Le Royer, rapports Bovier-Lapierre à la Chambre, rapport Dupuy au Sénat), que la Cour d'assises pouvait être appelée à statuer.

Lorsque, en 1897, M. Chaumié, comprenant la nécessité de mettre fin aux inconvénients de la jurisprudence dominante et ne voulant point cependant retarder le vote du projet, proposa un article additionnel, il déclara lui-même (2) qu'il prenait le texte de cet article « sans y changer une virgule, dans le projet en cinquante et quelques articles de la commission elle-même, projet qui a fait l'objet du premier rapport de l'honorable M. Dupuy ».

---

1. — Cass. 13 juin 1872. D. P. 72,1.157. Dijon, 12 août 1891. D. P. 92.2.388.
2. — *Journ. off.*, 1897. *Débats parlementaires*, Sénat, p. 889, 890.

Mais il ne fut point remarqué que de ce projet l'on ne retenait que l'attribution exceptionnelle de compétence de la Cour d'assises, sans rappeler le principe général de la compétence de la Chambre des mises en accusation.

La conséquence du vote de l'article 11, tel que l'avait formulé M. Chaumié, se trouva donc être naturellement que la réforme atteignit seulement certains cas, laissant dans les autres hypothèses subsister les inconvénients anciens.

De fait, quand le renvoi à une session ultérieure est prononcé par le Président des assises avant l'ouverture des débats, il ne semble point possible de reconnaître à une juridiction quelconque, compétence pour autoriser la mise en liberté provisoire d'un accusé ne s'étant point pourvu contre l'arrêt de renvoi.

Ce n'est pas, en effet, la Chambre des mises en accusation qui pourrait connaître une semblabble demande.

La Cour de cassation, par arrêt du 10 janvier 1895 (1), l'avait formellement déclaré en s'appuyant sur ce double motif : d'une part, que l'article 116 du Code d'Instruction criminelle porte expressément que la liberté provisoire ne peut être demandée à la Chambre d'accusation que jusqu'à l'arrêt de renvoi devant la Cour d'assises ; et que, d'autre part, dès que cet arrêt est devenu définitif, l'accusé doit, aux termes de l'article 126 du même Code, être mis en état d'arrestation en vertu de l'ordonnance de prise de corps contenue dans l'arrêt de mise en accusation, nonobstant même la mise en liberté provisoire qui aurait pu lui être accordée antérieurement.

En 1897, rien ne fut modifié à ce sujet. Le législateur n'a pas alors, comme on l'a prétendu, manifesté la volonté expresse qu'il existât toujours un pouvoir chargé de statuer sur les demandes en liberté provisoire. Il s'est borné à prévoir restrictivement, ainsi que nous l'avons dit, la compétence de la Cour d'Assises dans certaines circonstances, laissant, en dehors de cette hypothèse, subsister entièrement les principes du Code d'Instruction criminelle.

C'est ce qu'a reconnu et déclaré récemment la Chambre des mises en accusation de la Cour d'appel de Besançon. Par arrêt du 14 août 1901, cette juridiction repoussa en effet une requête en élargissement provisoire qui lui avait été adressée dans le cas spécial que nous examinons. « Attendu, dit cet arrêt, qu'aux termes des articles 116 et 126 du Code d'Instruction criminelle, la mise en liberté provisoire ne peut plus être prononcée par la Chambre des mises en accusation lorsque son arrêt de renvoi devant la Cour d'assises est devenu définitif ; — qu'antérieurement à la loi du 8 décembre 1897, il était de jurispru-

---

1. — *Bull. crim.*, n° 17. D. P. Tables 1898, col. 3, p. 95.

dence constante que la mise en liberté provisoire ne pouvait plus être obtenue d'aucune juridiction lorsque, comme dans l'espèce, l'arrêt de renvoi devant la Cour d'assises avait acquis l'autorité de la chose jugée ; — que cette règle n'a été en rien modifiée par la loi du 8 décembre 1897, qui, dans son article 11, prévoit un cas spécial inapplicable à l'espèce ; — que si ce texte contient une lacune regrettable, il n'appartient pas aux magistrats d'y suppléer en modifiant les principes en la matière ».

Les considérants de l'arrêt indiquent ainsi, d'une manière formelle, qu'en notre hypothèse, aucune juridiction ne serait compétente pour prononcer l'élargissement provisoire.

En posant ce principe, la Cour de Besançon ne faisait que se conformer à la jurisprudence, suivant laquelle, même depuis 1897, la Cour d'assises ne pourrait elle-même statuer à ce sujet.

La question avait été soumise en effet, durant ces dernières années, successivement à la Cour d'assises des Hautes-Alpes, à la Cour d'assises de la Haute-Saône, à la Cour de cassation, et, dans les trois cas, la solution avait été formelle.

Les décisions auxquelles nous venons de faire allusion visaient une hypothèse semblable.

Plusieurs co-accusés sont renvoyés par la Chambre des mises en accusation devant la Cour d'assises. Dans les délais légaux, certains de ces co-accusés forment un pourvoi en cassation contre l'arrêt de renvoi. En ce qui les concerne, l'affaire se trouve donc nécessairement reportée à une session ultérieure, c'est-à-dire en province au moins à trois mois.

Mais, en réalité, l'accusation était indivisible à l'égard de tous les accusés. En effet, dans l'affaire renvoyée devant la Cour d'assises des Hautes-Alpes comme dans celle qui était soumise à la Cour d'assises de la Haute-Saône, les crimes reprochés aux divers accusés se liaient intimement entre eux par les mêmes circonstances de temps, de lieu et de perpétration. De plus, dans l'un et l'autre cas, le pourvoi émanait seulement du ou des principaux accusés.

C'est donc à juste titre que, dans les deux hypothèses, le Président des assises estima qu'il était de toute nécessité « dans l'intérêt de la manifestation de la vérité et de la bonne administration de la justice », de ne point disjoindre l'accusation concernant les accusés qui ne s'étaient point pourvus et, statuant avant l'ouverture des débats, renvoya d'office, conformément à l'article 306 § 2 du Code d'Instruction criminelle, le jugement de ces derniers à une autre session.

Cependant les accusés qui, n'ayant point formé de pourvoi, allaient par suite de cette décision, subir une nouvelle détention préventive d'au moins trois mois, se crurent fondés à demander leur mise en liberté provisoire. Ils s'adressèrent naturellement à la juridiction devant laquelle ils avaient été renvoyés.

La Cour d'assises des Hautes-Alpes (arrêt du 13 décembre 1899), comme celle de la Haute-Saône (arrêt du 7 août 1901) repoussèrent la requête présentée à ce sujet.

Les deux arrêts s'inspirent de motifs presque semblables : « Attendu, est-il dit dans l'arrêt du 13 décembre 1899, que l'ordonnance de renvoi prononcée en pleine connaissance de cause par le Président des assises dans la limite de ses attributions, a eu pour effet, sinon de dessaisir provisoirement la Cour d'assises pendant la session du quatrième trimestre de 1899, du moins de faire obstacle à ce que le procès pût être débattu à cette session en l'absence du principal accusé ; qu'il y a donc lieu de considérer par suite, que la Cour d'assises n'ayant pas été effectivement saisie à cette session de l'affaire concernant l'accusé Borel, ne pouvait être appelée dans aucun cas à prononcer un renvoi (devenu provisoirement sans objet) à une autre session ; que, dès lors, d'après l'article 11 de la loi du 8 décembre 1897, la liberté provisoire de l'accusé ne pouvant être accordée par la Cour d'assises qu'au moment où elle prononce le renvoi à une autre session, la Cour d'assises est actuellement incompétente pour connaître d'une demande en liberté provisoire formée par l'un des accusés, dont l'affaire a déjà été renvoyée à une autre session ; — qu'il s'agit, dans l'espèce, d'un cas non prévu par la loi, mais qu'il ne saurait appartenir au juge d'en combler les lacunes ou de suppléer, par une interprétation qui, pour être libérale, n'en serait pas moins entachée d'excès de pouvoir, à l'insuffisance d'un texte introduit dans la loi au cours de la discussion devant le Sénat sous forme d'un amendement ne visant qu'un cas précis et déterminé » (1).

« Attendu, dit plus brièvement l'arrêt du 7 août 1901, que l'ordonnance du Président des assises étant un acte juridictionnel qui n'est susceptible d'aucun recours et que le renvoi à une autre session étant dès lors définitif, la Cour d'assises de la Haute-Saône, pour le troisième trimestre 1901, n'est plus effectivement saisie ou du moins ne se trouve pas dans les conditions d'applicabilité de l'article 11 de la loi du 8 décembre 1897, texte ne visant qu'un cas spécial et déterminé ; que dans ces conditions, il n'y a pas lieu à l'application de l'article 116 du Code d'instruction criminelle ; qu'il échet donc pour la Cour de se reconnaître incompétente ».

A la suite de l'arrêt de 1899, l'accusé dont la demande avait été repoussée, s'était pourvu en cassation.

Mais le 3 février 1900, la Cour de cassation (Chambre criminelle),

---

1. — Cour d'assises des Hautes-Alpes, 13 décembre 1899. S. 1900.2.85.

rejeta le pourvoi par des considérants très précis qu'il n'est point inutile de rappeler ; « Attendu, dit la Cour de cassation, que si, aux termes de l'article 11 de la loi du 8 décembre 1897, il appartient à la Cour d'assises de statuer sur la mise en liberté provisoire d'un accusé, c'est à la double condition qu'elle soit saisie de l'affaire concernant cet accusé, et qu'elle en ait prononcé le renvoi à une autre session ; — attendu qu'aucune de ces deux conditions ne se rencontre dans l'espèce ; qu'en effet, à la date à laquelle Borel a formé sa demande de mise en liberté provisoire, non seulement la Cour d'assises n'était pas saisie de l'affaire, mais ne pouvait même pas en être légalement saisie, puisque l'arrêt de la Chambre des mises en accusation n'était pas définitif à l'égard de l'un des trois accusés, et qu'en ce qui concerne les deux autres, le président des assises avait, par un acte juridictionnel qui n'était susceptible d'aucun recours, renvoyé l'affaire à une autre session ; que reconnaître dans ces circonstances de fait compétence à la Cour d'assises pour statuer sur une demande de mise en liberté provisoire, serait ajouter au texte de la loi ; qu'il suit de là qu'en déclarant non recevable la demande de Borel, l'arrêt attaqué a sainement interprété et exactement appliqué l'article 11 de la loi du 8 décembre 1897 (1) ».

La solution donnée par la Cour de cassation dans l'arrêt que nous venons de rapporter est très nettement exprimée. Il nous paraît utile toutefois d'en apprécier brièvement les motifs.

La Cour suprême rappelle que « si, aux termes de l'article 11 de la loi du 8 décembre 1897, il appartient à la Cour d'assises de statuer sur la mise en liberté provisoire d'un accusé, c'est à la double condition qu'elle soit saisie de l'affaire concernant cet accusé et qu'elle en ait prononcé le renvoi à une autre session », puis ajoute « qu'aucune de ces deux conditions ne se rencontre en l'espèce. »

Mais, en ce qui concerne la première condition, il ne nous semble point exact de dire que « non seulement la Cour d'assises n'était pas saisie de l'affaire, mais ne pouvait même pas en être légalement saisie ».

Il est, en effet, indiscutable en principe que, lorsque l'arrêt de renvoi de la Chambre des mises en accusation est devenu définitif, la compétence de la Cour d'assises est fixée d'une manière irrévocable. Cette juridiction se trouve définitivement saisie, à moins qu'elle ne se dessaisisse ou qu'elle ait été dessaisie au profit d'une autre Cour d'assises ou d'une autre juridiction.

Or, dans les espèces que nous avons étudiées, l'arrêt de renvoi de la Chambre des mises en accusation était définitif à l'égard des accusés

---

1. — Cass. 3 févr. 1900. D. P. 1900. 1. 113.

qui avaient formé la demande en élargissement provisoire. Le pourvoi en cassation formé dans les délais légaux par leurs co-accusés n'exerçait aucune influence sur leur situation propre ; ils devaient régulièrement comparaître à la plus prochaine session de la Cour d'assises devant laquelle ils avaient été renvoyés et qui, en ce qui les concerne, n'était aucunement dessaisie.

Ce dessaisissement ne résultait pas non plus, à notre avis, de l'ordonnance de renvoi à une autre session rendue par le Président des assises avant l'ouverture des débats.

Le seul effet de cette ordonnance de renvoi était de suspendre ou de retarder la comparution devant la Cour d'assises des accusés qui n'avaient point formé de pourvoi ; mais non d'empêcher l'exécution de l'arrêt définitif de la Chambre des mises en accusation.

Car, ainsi que l'a reconnu la Cour de cassation dans un arrêt du 20 février 1879 « la Cour d'assises d'un département est toujours la même juridiction, quels que soient le nombre de ses sessions, les intervalles qui les séparent et les variations du personnel appelé à y siéger » (1).

D'ailleurs l'arrêt de la Chambre d'accusation ne renvoie jamais l'inculpé à telle session, mais, d'une manière générale, devant la Cour d'assises de tel département. C'est incontestablement parce que, dans ses différentes sessions, elle constitue toujours la même juridiction « qu'une Cour d'assises, après avoir condamné un accusé sur le fait criminel, peut renvoyer à la session suivante, où siégeront cependant d'autres magistrats, la discussion et le jugement des conclusions prises par les parties relativement aux dommages-intérêts (2). De là encore la compétence de la Cour d'assises pour fixer, dans une session ultérieure, la durée de la contrainte par corps, si elle a été l'objet d'une omission, pour condamnation prononcée contre l'accusé (3).

Au surplus, l'arrêt du 13 décembre 1899 semble bien s'être inspiré de ces principes en déclarant que l'ordonnance de renvoi avait eu pour conséquence « sinon de dessaisir provisoirement la Cour d'assises pendant la session, du moins de faire obstacle à ce que le procès pût être débattu à cette session ». Aussi, avec un savant annotateur, estimons-nous que « c'est à ce dernier point de vue seulement qu'on peut dire que la Cour d'assises n'était pas, à cette session, saisie de fait. Mais sa compétence pour statuer sur la mise en liberté provisoire, née du jour où l'arrêt de renvoi de la Chambre des mises en accusation était devenu définitif, n'avait pas disparu par suite de l'ordonnance du pré-

---

1. — Cass. 20 février 1879. D. P. 79,1,484.
2. — Faustin Hélie. *Inst. crim.*, VIII, n° 3823, p. 277.
3. — Cass., 15 février 1877. *Bull. crim.*, n° 50 (En note sous arrêt de 1879).

sident des assises renvoyant le jugement de l'accusation à une autre session » (1).

Toutefois l'article 11 de la loi du 8 décembre 1897 subordonne le droit pour la Cour d'assises de statuer sur la mise en liberté provisoire à une seconde condition essentielle : il faut que le renvoi à une autre session émane directement de cette juridiction.

Or, dans l'hypothèse que nous examinons, le Président des assises a seul usé de ce pouvoir, la Cour d'assises n'est en aucune manière intervenue et par conséquent, cette seconde condition fait défaut.

L'annotateur que nous avons cité soutient cependant que le texte doit être plus largement interprété, en ce sens que le législateur aurait eu simplement en vue le cas où, de manière générale, le renvoi de l'affaire à une autre session est prononcé. « En ce qui concerne le renvoi, dit-il, c'est le fait même du renvoi à une autre session qui importe seul pour l'application de l'article 11 de la loi du 8 décembre 1897, car ce fait aura toujours pour résultat, si l'accusé ne peut pas être mis en liberté provisoire, de prolonger sa détention préventive au delà de la durée normale, même dans des circonstances où, sans aucune utilité, cette prolongation lui serait extrêmement préjudiciable. Prétendra-t-on que la Cour d'assises n'a le pouvoir de mettre l'accusé en liberté provisoire qu'après avoir été éclairée par les débats, et si la physionomie de l'affaire s'est trouvée modifiée par des incidents imprévus ? Rien n'autorise une pareille restriction à la faculté, pour la Cour d'assises, d'accorder la liberté provisoire en cas de renvoi, et, dès lors, on ne voit pas pourquoi il serait indispensable que le renvoi à une autre session fût prononcé par la Cour d'assises elle-même » (2).

Les idées humanitaires de M. de Lanzac de Laborie sont éminemment respectables ; mais elles ne peuvent prévaloir contre le texte formel de la loi. Evidemment, en théorie, il n'est pas de raison qui exige impérieusement que le renvoi soit prononcé par la Cour d'assises ; mais en fait, la restriction de l'article 11 est indiscutable.

Il faut bien convenir, ainsi qu'on l'a fait justement remarquer, que, pour reconnaître compétence à la Cour d'assises sur la demande de liberté provisoire, au cas de renvoi à une autre session ordonné par le Président, dans les termes de l'article 306 du Code d'Instruction criminelle, on est obligé de faire abstraction des termes de l'article 11 et d'interpréter cet article comme s'il était ainsi rédigé : « Lorsqu'une Cour d'assises étant saisie d'une affaire criminelle par l'arrêt de ren-

---

1. — St. de Lanzac de Laborie, note sous l'arrêt du 3 février 1900, précité.
2. — Note sous l'arrêt du 3 février 1900. D. P. 1900. 1. 113. En ce sens ég. v. *Gazette des Tribunaux*, 28 décembre 1899.

voi de la Chambre des mises en accusation, le renvoi à une autre session est ordonné.... » (1)

Or, ce serait, comme l'a dit la Cour de Cassation (arrêt du 3 février 1900) ajouter au texte de la loi, et cela, dans un sens que M. Chaumié, promoteur direct de la réforme actuelle, n'a jamais indiqué.

En réalité, les conclusions des décisions de jurisprudence que nous avons analysées doivent être entièrement approuvées.

Actuellement, aucune juridiction n'est compétente pour ordonner la mise en liberté provisoire d'un accusé dont la demande a été formée après l'ordonnance de renvoi rendue par le Président des assises. En cette hypothèse, tous les inconvénients, toutes les injustices provenant d'une prolongation inutile de la détention préventive et signalés notamment en 1897 par M. Chaumié continuent de subsister. C'est ainsi que, dans l'affaire soumise en 1901 à la Cour d'assises de la Haute-Saône, les accusés dont la requête en élargissement provisoire avait été repoussée en août, demeurèrent trois mois de plus en détention préventive, puis, en novembre 1901, époque à laquelle l'affaire fut jugée par la Cour d'assises, ils furent l'un et l'autre acquittés. Or, pour l'un des accusés tout au moins, l'acquittement pouvait être prévu et, en tous cas, la demande formée se présentait sous le plus favorable aspect.

En présence de telles conséquences, il est donc nécessaire et urgent de compléter l'article 11 de la loi du 8 décembre 1897.

III

Au début de cette étude, nous avons fait allusion à un projet déposé à la Chambre des députés par M. le Garde des Sceaux le 16 janvier 1902, et dans lequel est envisagée la question qui nous préoccupe.

Ce projet a pour but d'une manière générale de modifier l'intitulé du chapitre VIII du titre premier et les articles 113 à 126, 135, 136, 296 et 421 du Code d'Instruction criminelle.

Relativement à la mise en liberté provisoire, nous relevons, dans l'exposé des motifs, les passages suivants : « Lorsque la liberté provisoire n'est pas de droit, elle peut être demandée en tout état de cause au juge d'instruction avec recours à la Chambre du Conseil en cas de refus et, quand le juge d'instruction est dessaisi, à la juridiction appelée à statuer au fond. Telle est d'ailleurs la règle écrite dans les articles 113 § 1 et 116 du Code d'Instruction criminelle : mais les nouvelles dispositions précisent et complètent les dispositions actuelles.

---

1. — Note sous l'arrêt de la Cour d'assises des Hautes-Alpes, 13 décembre 1899. S. 1900. 2. 85.

Dans le nouvel article 120 § 25 est incorporé l'article 11 de la loi du 8 décembre 1987 qui autorise la Cour d'assises à accorder la liberté provisoire, lorsqu'elle renvoie l'affaire à une autre session. Cette disposition est complétée pour le cas où la Cour d'assises n'aurait pas statué à cet égard, et la Chambre d'accusation est appelée à se prononcer sur la demande de mise en liberté. Il en est de même pour le condamné qui veut rendre son pourvoi admissible... » (1).

L'article 120 du projet est en conséquence ainsi conçu : « La mise en liberté peut être demandée en tout état de cause. Après l'ordonnance qui clôt l'information, elle est accordée par la juridiction saisie. Si la Cour d'assises, après renvoi d'une affaire à une autre session, n'a pas statué sur la mise en liberté provisoire, la demande peut être portée devant la Chambre d'accusation ».

Or ce texte suppose toujours que le renvoi de l'affaire à une autre session a été prononcé par la Cour d'assises et vise uniquement le cas où, après le renvoi, cette juridiction aurait omis de statuer sur une demande d'élargissement provisoire. La Chambre des mises en accusation serait alors compétente pour connaître d'une semblable demande.

Mais il n'est fait aucune allusion, dans le projet, à l'hypothèse dans laquelle le renvoi est ordonné par le Président des assises avant l'ouverture de la session.

Il est vrai que nous avons précédemment indiqué que la Cour d'assises était juridiquement saisie à partir de l'arrêt de renvoi de la Chambre des mises en accusation, et que l'ordonnance de renvoi du Président ne pouvait opérer le dessaisissement.

En assimilant dès lors cette situation à celle prévue par le paragraphe 1 de l'article 120 du projet, il serait possible de reconnaître, en notre hypothèse, compétence à la Cour d'assises pour statuer.

Il faut bien avouer toutefois que rien, dans l'exposé des motifs ou dans le texte même du projet, n'autorise cette assimilation, qui devrait être d'autant plus explicite qu'elle serait contraire en réalité à la jurisprudence la plus récente, puisque cette jurisprudence n'admet pas, en notre espèce, la saisine de la Cour d'assises.

Et ce serait dépasser, ce nous semble, la pensée du promoteur de la loi que d'interpréter ainsi l'article 120 du projet et d'attribuer à la Cour d'assises une compétence qu'aucun des projets antérieurs ne lui avait reconnue.

A la vérité, ce projet ne comblerait pas la grave lacune que nous avons relevée dans l'article 11 de la loi de 1897.

Dans un numéro, paru il y a quelques mois, de la *Revue Péniten-*

---

1. — *J. off.* 1902. *Docum. Parlem.* Chambre, ann. n° 2876, p. 14.

tiaire nous trouvons, mentionné en un rapport sur les garanties de la liberté individuelle, un amendement proposé par M. A. Le Poittevin, relativement à la question spéciale qui nous occupe (1).

Cet amendement a pour but de compléter l'article 11 de la loi du 8 décembre 1897 en y ajoutant le paragraphe suivant : « Le même droit appartient à la Chambre des mises en accusation, après l'arrêt de renvoi, tant que la Cour d'assises n'est pas saisie ».

Il ressort naturellement de ce texte que son auteur a très exactement compris quelle était la difficulté à surmonter et sur quel point devait porter une réforme. « Il est inadmissible, est-il dit dans le rapport, qu'il n'y ait pas à toute époque, une autorité chargée d'apprécier la nécessité de la détention ».

Cependant cette modification ne nous paraît point suffisamment précise. Pour l'application du texte ainsi rédigé, il faudrait admettre en effet, que la Cour d'assises n'est pas juridiquement saisie par l'arrêt de renvoi de la Chambre des mises en accusation.

Or, ce principe est essentiellement contraire aux explications que nous avons présentées ; il se trouve en tous cas sujet à discussions.

Il ne serait possible d'éviter ces controverses qu'en modifiant le texte de M. Le Poittevin de la manière suivante : « Le même droit appartient à la Chambre des mises en accusation, après l'arrêt de renvoi, si la Cour d'assises n'est pas effectivement saisie ».

Et encore, malgré tout, des difficultés seraient suscitées en pratique, notamment par exemple en ce qui concerne l'hypothèse prévue par le projet de 1902 du Gouvernement.

Pourquoi d'ailleurs restreindre la réforme à des espèces spéciales et déterminées ? Ne serait-il point préférable, conformément aux premiers projets de 1879 et de 1881, de donner, d'une manière générale, compétence à la Chambre des mises en accusation pour statuer sur la demande en liberté provisoire, dans tous les cas non directement prévus ?

D'autre part, il est compréhensible qu'en 1897, dans le but de faire disparaitre une lacune importante, on ait cru devoir insérer, dans un projet de loi qui allait être incessamment voté, la modification relative à la compétence spéciale de la Cour d'assises en matière d'élargissement provisoire. Mais la règle de l'article 11 qu'aucun lien n'unit aux textes de la loi du 8 décembre 1897 devrait naturellement se trouver dans le corps même du Code d'Instruction criminelle, au titre de la liberté provisoire. Il serait alors possible de donner au principe une portée beaucoup plus générale.

En somme la réforme, telle qu'elle nous semble devoir être com-

---

1. — *Revue Pénitentiaire*, août 1901, v. 1171.

prise, devrait s'inspirer des projets anciens. Elle ne revêtira en effet
son véritable caractère qu'en étant insérée dans l'article 116 du Code
d'Instruction criminelle.

Le premier paragraphe de ce texte nous semblerait dès lors devoir
être modifié et complété à un double point de vue.

Tout d'abord la règle de notre article 11 devrait y être rappelée.
Une addition toutefois pourrait y être apportée. Il serait utile en effet
d'indiquer que la compétence de la Cour d'assises existe uniquement
— pendant la durée de sa session.—Grâce à l'adjonction de ce membre
de phrase, on ne pourrait plus soutenir que si l'accusé renvoyé par la
Cour d'assises à une autre session formule sa demande de mise en
liberté provisoire le lendemain de la clôture de la session ou les jours
qui la suivront, il y aura lieu de réunir d'urgence à nouveau extraor-
dinairement la Cour, en vertu de l'article 259 du Code d'Instruction
criminelle.

D'autre part, dans ce même article 116, le pouvoir accordé à la
Chambre des mises en accusation de statuer sur une requête en élargissement provisoire ne serait plus limité à l'arrêt de renvoi devant la
Cour d'assises, mais la Chambre des mises en accusation serait déclarée
compétente dans toutes les hypothèses où une juridiction n'est pas ou
n'est plus saisie.

Il faut en effet qu'en tout état de cause et à tout moment, une
demande de mise en liberté provisoire puisse être soumise à une
juridiction compétente pour l'accueillir ou la rejeter. Le juge ne doit
jamais faire défaut, ne fût-ce que pendant une heure seulement, au
justiciable et ce principe, vrai en toutes matières, revêt un caractère
plus grand de nécessité et d'urgence, quand il s'agit de la liberté individuelle.

Or, dans notre législation actuelle, en dehors même du cas que
nous avons spécialement étudié du renvoi à une autre session par le
Président des assises, il est d'autres hypothèses dans lesquelles un
prévenu manque de juges pendant un certain laps de temps pour faire
statuer sur sa requête en élargissement provisoire.

Par exemple une Cour d'appel, infirmant sur ce point le jugement
qui lui est déféré, se déclare incompétente parce que le fait constitue-
rait un crime et non un simple délit et décerne le mandat de dépôt
autorisé par l'article 214 du Code d'Instruction criminelle. Qui pourra
en ce cas examiner la requête en main-levée de mandat de dépôt ulté-
rieurement présentée et justifiée peut-être par des circonstances nouvelles et impérieuses ? La Cour de cassation sera bien saisie de l'affaire
par un règlement de juges, mais il est de principe qu'elle ne peut
statuer sur la demande d'élargissement. Cette juridiction en effet,
n'est point compétente pour connaître des questions de fait et d'autre

part le législateur a clairement manifesté sa volonté à cet égard en décidant dans l'article 116 § 2 du Code d'Instruction criminelle, que le condamné qui, pour rendre son pourvoi admissible, conformément à l'article 421 du même Code, voudra réclamer sa mise en liberté, portera sa demande devant la Cour ou le Tribunal qui a prononcé la peine (1). La Cour d'appel est dessaisie et ne pourra davantage examiner la demande. La loi n'indique aucune juridiction.

De même, le mandat de dépôt peut être décerné par le tribunal qui se déclare incompétent en vertu de l'article 193 du Code d'Instruction criminelle. Lorsque sa décision sera passée en force de chose jugée et qu'il ne sera plus possible de la déférer au juge d'appel, qui aura compétence, pendant la procédure en règlement des juges, pour examiner la requête d'élargissement provisoire ? La loi est muette.

Dans ce dernier cas, il est vrai, la Cour de cassation a décidé qu'il appartenait à la Chambre des mises en accusation de statuer (2).

Mais c'est une jurisprudence toute d'utilité pratique. Il ne conviendrait même point de la trop généraliser en admettant, par exemple, avec un arrêt rendu le 27 février 1902 par la Chambre des mises en accusation de la Cour de Besançon, qu'elle est applicable à un inculpé contre lequel un mandat de dépôt avait été décerné dans les conditions de l'article 193 du Code d'Instruction criminelle et qui avant l'expiration des délais d'appel, avait adressé une demande de mise en liberté provisoire à la Chambre des mises en accusation. Alors, en effet, cette juridiction ne nous semble point avoir été compétemment saisie, puisque l'inculpé avait encore le droit de porter sa demande devant la Chambre des appels correctionnels, que son droit d'appel ne pouvait lui être enlevé et qu'il ne pouvait même pas y renoncer.

Même restreinte à l'hypothèse dans laquelle les délais d'appel sont expirés, la jurisprudence de la Cour de cassation est juridiquement contestable et la doctrine élève contre elle de sérieuses contradictions (3).

Quoi qu'il en soit, c'est afin de prévoir et d'embrasser les hypothèses semblables à celles que nous venons d'indiquer que la réforme proposée doit présenter la plus grande généralité.

La formule « et dans tous les autres cas, à la Chambre des mises en accusation » adoptée par le Sénat en 1882, nous semble à ce point de vue, heureusement choisie.

L'article 116 du Code d'Instruction criminelle pourrait dès lors être

1. — Cass. 3 avril 1873. *Bull. crim*, n° 87.
2. — Cass., 26 mai 1886. D. P. 87. 1. 91. 92. En ce sens : Besançon, 17 janv. 1870. D. P. 72. 2. 119.
3. — Cf. Flamand. *Étude sur la détention préventive*, n° 193, de Neyremand, *Journal de droit criminel*, 1885, p. 81.

ainsi conçu : « La mise en liberté provisoire peut être demandée en tout état de cause : au tribunal correctionnel, depuis l'ordonnance de renvoi jusqu'au jugement définitif ; à la chambre des appels correctionnels, depuis l'appel jusqu'à l'arrêt définitif, et dans tous les autres cas, à la Chambre des mises en accusation. Néanmoins, si la Cour d'assises, saisie d'une affaire criminelle, en prononce le renvoi à une autre session, il lui appartient, pendant la durée de sa session, de statuer sur la mise en liberté provisoire ».

C'est en ce sens que nous paraît devoir être entendue et accomplie ce que nous avons appelé l'extension de l'article 11.

En résumé cette extension ne présentera véritablement de l'intérêt que si elle est complète, c'est-à-dire si le législateur ne se borne point à appliquer la modification de 1897 à des cas voisins de celui déjà prévu ; mais s'il cherche au contraire à faire disparaître le caractère restrictif et spécial de cette modification.

De cette manière, il ferait essentiellement œuvre utile : non seulement en effet il mettrait fin pour l'avenir aux controverses théoriques qui s'élèvent actuellement au sujet de la compétence des juridictions en matière de demandes en liberté provisoire ; il permettrait de plus qu'à toute époque il soit possible de solliciter et d'obtenir l'élargissement provisoire. Enfin, il empêcherait par là-même que la détention préventive revête le caractère abusif qu'elle a toutes les fois qu'elle s'exerce sans que l'intérêt évident de l'ordre public l'exige impérieusement.

LÉON GERMAIN,
Docteur en droit
Juge au Tribunal civil de Vesoul.

Mayenne, imprimerie Ch. COLIN. Spécialité de publications périodiques.

EN VENTE

AUX BUREAUX DES *LOIS NOUVELLES*

Contributions indirectes. — Traité de jurisprudence générale en matière de contributions indirectes, par A. Bertrand, directeur des contributions indirectes et P. Deschamps commis principal à la direction générale des contributions indirectes. — 2 forts vol. br. prix . . . . 12 fr.

Code Rural. — Commentaires de la loi du 8 avril 1898 sur le régime des eaux et de la loi du 21 juin 1898 sur la police administrative, par Georges Graux, avocat, député du Pas-de-Calais et C. Renard, docteur en droit. — 1 vol. br. prix . . . . 5 fr.

Courses de chevaux. — Commentaire de la loi sur les courses de chevaux et les paris aux courses, par G. Laya, avocat à la cour de Paris. — 1 vol. br. prix . . . . 1 fr. 50

Crédit agricole. — Manuel des sociétés de crédit agricole. — Commentaire de la loi du 5 novembre 1894, par M. E. Benoît-Lévy, avocat à la cour de Paris, secrétaire général de la Société de propagation du crédit populaire. 1 vol. br. prix. . 1 fr. 50

Douanes. — Le nouveau tarif des douanes. — Commentaire de la loi du 11 janvier 1892 par L. Dejamme, auditeur du conseil d'État. — 1 vol. br. prix. . . . . 3 fr. 50

Saisie-arrêt. — La saisie-arrêt des gages, salaires et petits traitements. — Commentaire nouveau de la loi du 12 janvier 1895, au courant de la jurisprudence et de la doctrine les plus récentes. par E. Schaffhauser et H. Chevresson. — 1 vol. br. prix 4 fr. 50

Secours mutuels. — Commentaire de la loi du 1er avril 1898 sur les Sociétés de secours mutuels, par Raoul de la Grasserie, juge au tribunal civil de Rennes. — 1 vol. br. prix. . 2 fr. 50

Commentaire des Tarifs des actes d'huissiers par O. Raviart avoué à Beauvais, directeur du Bulletin de la taxe. — Un volume in-8°, prix. . . . . 3 fr. 50

Commentaire des Tarifs en matière civile, par O. Raviart, avoué à Beauvais, *Vice Président de la conférence des avoués de première instance des départements*, Directeur du *Bulletin de la taxe.* Deuxième édition, revue et considérablement augmentée. — Un fort volume in-8°, prix. . . . . . 8 fr.

Warrants agricoles. — Commentaire de la loi du 18 juin 1898 sur les Warrants agricoles, par Victor Emion, juge de paix à Paris. — 1 vol. br. prix. . . . . 1 fr.

Mayenne, Imprimerie CH COLIN.